R & K

Das Weihnachtskarussell

Literarischer Adventskalender für Erwachsene

Karin Schäufler

Würzburg
Religion & Kultur - Verlag

Empfehlung für das bibliografisch korrekte Zitieren:
Schäufler, Karin: Das Weihnachtskarussell. Literarischer Adventskalender für Erwachsene, Würzburg, Religion & Kultur - Verl.

Bibliografische Information der Deutschen Bibliothek

Die Deutsche Bibliothek verzeichnet diese Publikation in der Deutschen Nationalbibliografie; detaillierte bibliografische Daten sind im Internet über http://dnb.ddb.de abrufbar.

ISBN 3-933891-10-8

Elektronische Datenverarbeitung, Layout des Textes und der Bilder sowie Umschlaggestaltung: Holger Hunger

ISBN 3-933891-10-8

Inhaltsverzeichnis

Schon dreht es sich, das Karussell ...

In 24 Gedichten und Gemälden begleitet der jedes Jahr verwendbare, literarische Adventskalender "Das Weihnachtskarussell" den Leser durch eine besinnliche und nachdenkliche, eine romantische und stimmungsvolle Vorweihnachtszeit. Im ebenso vielfältigen wie intensiven Zusammenwirken von Wort und Bild entsteht Doppelseite für Doppelseite ein entspannender und verzaubernder, ein sensibler und atmosphärischer Raum für erwartungsfrohe Dezembertage.

"Das Weihnachtskarussell" lädt alle ein, an dieser besonderen Freude teilzuhaben.

Es ist Advent, es ist die Zeit.

Tag für Tag und Schritt für Schritt
dem Christfest nun entgegen

Advent

Tag für Tag
und Schritt für Schritt
dem Christfest
nun entgegen,
Stund' um Stund'
und Wort um Wort
prägt Ankunft
unser Leben:
„Fürchtet euch nicht,
denn ich verkünde euch
eine große Freude"

Die Lichter leuchten, bunt und warm

Das Weihnachtskarussell

Schon dreht es sich, das Karussell,
erst fährt es langsam, dann ganz schnell,
die Kinder jauchzen, manches winkt,
dazu ein Weihnachtslied erklingt.

Stolz thronen sie in ihren Sitzen,
die Augen funkeln, glänzen, blitzen,
und auch die Großen steh'n gerührt,
sind in ein Wunderland entführt.

Pferdchen, Kutsche und auch Schwan,
zieh'n immerfort die gleiche Bahn,
die Kinder lachen voller Glück,
es geht nur vorwärts, nicht zurück.

Die Lichter leuchten, bunt und warm,
heut' ist's egal, wer reich und arm,
nur Friede und Freude ringsumher,
die Seelen erhellt, es weihnachtet sehr!

Mal rauf, mal runter, mal ruhig, mal schnell,
kreist auch das Lebenskarussell,
und bleibt es zwischendurch auch steh'n,
ich weiß, es wird sich weiterdreh'n -

Hoffnung braucht die ganze Welt
und Menschlichkeit ist das, was zählt

Ein wenig Mehr

Den Nächsten sehen, wie er ist,
mehr Toleranz statt ew'gem Zwist,
sieh' hin, nimm' wahr und dir ein Herz,
tu' einen Schritt, nimm' Leid, nimm' Schmerz!

Es liegt schon in den kleinsten Dingen,
will dieser Schritt dir nun gelingen,
wenn wir ein wenig mehr nur tun,
könnt' Frieden sein, könnt' Hader ruh'n.

Ein Händedruck zur rechten Zeit,
ein nettes Wort bricht Einsamkeit,
ein kleines Lächeln stört Verzagen,
ein froher Gruß nimmt Unbehagen.

Ein off'nes Ohr kann Brücken bauen,
ein Zwiegespräch schafft mehr Vertrauen,
ein guter Rat löst manche Sorgen,
ein Trost schafft Glauben, auch an morgen.

Hoffnung braucht die ganze Welt,
und Menschlichkeit ist das, was zählt,
sieh' hin, nimm' wahr und dir ein Herz,
tu' einen Schritt, nimm' Leid, nimm' Schmerz!

Auf der Straße, nass und kalt

Auf der Straße

Auf der Straße, nass und kalt,
da fühlte ich, es kommt nun bald
ein Segen für die Menschenheit,
das Seelenheil der Weihnachtszeit.

Obgleich die Welt ist voll von Schwere,
schwebt Hoffnung durch die weite Sphäre,
ein Zauber rührt an wunden Herzen,
ins Dunkel strahlen tausend Kerzen.

Auf der Straße, nass und kalt,
das Echo meiner Schritte hallt,
doch trotzdem werde ich getragen
von Jesu Christ an allen Tagen.

Verschwunden in der Ferne

Immerdar

Sind Sonne, Mond und Sterne
von Wolken auch bedeckt,
verschwunden in der Ferne,
im Weltenall versteckt,
so sind sie doch zugegen,
Bestand von Raum und Zeit,
musst keine Zweifel hegen,
der Strahlen Glanz, er bleibt -
Sind Liebe, Glück, Gesundheit
nicht immerfort gegeben,
so hab' doch die Gewissheit:
sie sind in deinem Leben -

Hoffnung steckt in jedem Schuh dort

Nikolaus

Hoffnung steckt in jedem Schuh dort,
der blank geputzt vor Türen steht,
stumm und steif harrt er an dem Ort,
wo Nikolaus vorübergeht.
Apfel, Keks und eine Nuss
warten drauf, verspeist zu werden,
für Nikolaus ein Wohlgenuss
wie jedes Jahr auf Erden.
Am nächsten Morgen, wirklich wahr,
sind Keks und Nuss verschwunden,
und auch der Apfel offenbar
tat Nikolaus gut munden.
Die Schuhe sind nun prall gefüllt
mit leck'ren, süßen Sachen,
und überall, ganz unverhüllt,
hört man der Kinder Lachen.

Die Vögel, die geblieben sind

Ein Dankeschön

Im Vogelhäuschen, Meis' und Fink,
sie hüpfen auf und nieder,
die Vögel, die geblieben sind,
sie plustern ihr Gefieder.
Sie sangen fast das ganze Jahr,
verschönten jeden Tag,
und ihre Lieder, wunderbar
betörten ohne Frag'.
Ein Dankeschön - nun ist's an mir,
die Vögel zu erfreuen,
hab' eine Handvoll Körner hier,
werd' täglich sie verstreuen.
Im Frühling dann - ihr werdet seh'n,
ich weiß es ganz genau,
wird ihr Konzert wohl weitergeh'n,
der Himmel wieder blau.

Mein Blick verliert sich in dem Glanz
des Lichterscheins dort auf dem Kranz

In Erwartung

Im Zimmer ist es wohlig warm,
die Katze schnurrt auf meinem Arm,
mit Freude, Ruhe und Bedacht
erwarte ich die höchste Nacht.
Mein Blick verliert sich in dem Glanz
des Lichterscheins dort auf dem Kranz,
die Kerzen leuchten still und sacht
und künden an die heil'ge Nacht.
Mein Fühlen, Sinnen und mein Denken
sich froh und tief in Andacht senken;
- es ist Advent, es ist die Zeit
der Ankunft seiner Herrlichkeit.

Drum hüt' den Tag, die Stund', den Schatz

LebensWert

Dein Leben ist
ein Kelch voll Zeit,
nicht von Bestand,
Vergänglichkeit.
Von Anfang an
gibt's kein' Ersatz,
drum hüt' den Tag,
die Stund',
den Schatz!

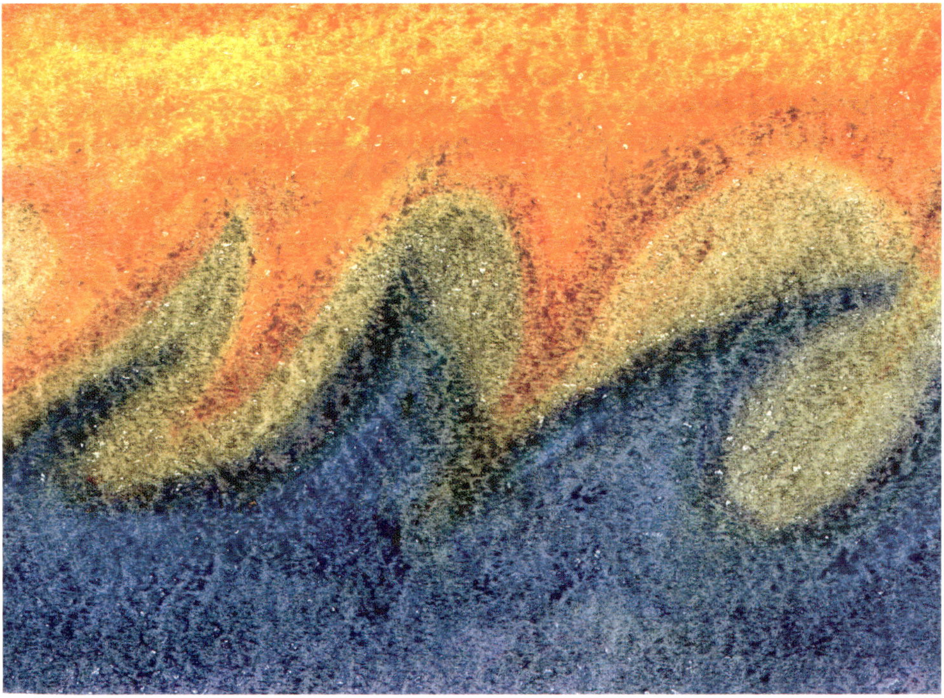

Ruhig und wild

Wellen der Andacht

Unergründliche See des Daseins,
belebt von unsichtbaren Wesen,
marmoriert in allen Farben,
ruhig und wild,
gehauchte Ahnung
auf den sich kräuselnden Wellen
der Andacht.
Getragen möcht' ich sein
und ohne Angst
den Tiefen begegnen,
sie spüren und wissen,
dass ich ohne sie
- eigentlich -
nicht leben möchte.
Unergründliche See des Daseins,
du hast einen Grund;
ein Grund für mich
in marmorierte Farben zu tauchen
und zuversichtlich
an das Leben
zu glauben,
bewusst
und voller Dankbarkeit
auch nur
für diesen
einen Blick.

Farben vergehen

Im Dezember

Wenn Gräser erstarren
und Grün wird zu Weiß,
wenn Wiesen verhüllt sind
in Nebel und Eis,
wenn Baumkronen schweigen
und Farben vergehen,
wenn Atem wird sichtbar
und Stürme sich drehen,
dann nahet der Winter,
begrüßt schon vom Schnee,
ein Jahr geht zu Ende,
im Dezember

- Ade !

Auslese

Auslese

Man erntet nur die Trauben,
wenn man sie wachsen lässt,
drum halt' an deiner Liebe,
an deinem Glauben fest.

Kehret ein, haltet inne

Hastig

Es hasten die Menschen,
getrieben von Zeit
und meinen, dass ihnen
nie genug davon bleibt.
Doch warum dieses Hetzen,
warum dieses Jagen?
Kehret ein, haltet inne
und stellt euch den Fragen,
die entscheidend für euch,
die entscheidend für's Leben,
denn neben der Zeit
sind euch Sinne gegeben!
Geist und Seele,
Sinn und Verstand,
vereint mit dem Körper,
Schritt für Schritt,
Hand in Hand -
So lebt es sich besser,
so könnt' ihr euch spüren
und lasst euch nicht mehr
von der Hektik verführen!

Weihnachtsbäckerei

Weihnachtsbäckerei

Im Advent schon jahralljährlich
sind Weihnachtsplätzchen unentbehrlich,
von Alters her ist dies der Brauch,
drum backen wir zur Weihnacht auch.

Das Rezept ist nicht gewöhnlich,
doch dafür ist es sehr persönlich,
es regt den Sinn, den Geist wohl an
und hat so manchem gut getan.

Man nehme Geduld, eine Prise mehr Zeit
und hebe darunter die Glücksseligkeit,
ein halbes Pfund Schönes, ein halbes Pfund Mut,
einen Teelöffel Hoffnung verrühre man gut.

Nun nehmt ihr Gesundheit und gebt auf sie acht,
mit Glaube und Seele wird der Teig angemacht,
gewürzt noch mit Träumen, vermengt auch mit Liebe,
das Schlechte und Böse belasst ihr im Siebe.

Jetzt wird geknetet, gewalkt und gewellt,
bestäubt mit dem Zauber, der Seelen erhellt,
und dann lasst es wirken, gedeihen und ruh'n,
dies Backwerk hat viel mit Besinnung zu tun.

Zum Schluss ist er mürbe, der Teig, der feine,
nun könnt' ihr ihn backen und Sorgen habt keine,
er kann nur gelingen, so wie er gemacht
mit Frieden und Freude zur heiligen Nacht.

Ein eisiger Wind heult

JahresZeit

Kalt ist's
und dunkel.
Ein eisiger Wind heult
um das vergangene Jahr.
Die Menschen rücken zusammen
und reden
von dem verpassten Glück,
von der Hoffnung,
dass mit dem Ende
ein neuer Anfang
geboren wird
– und die Zeit lacht.

Er ist bei mir

Beflügelt

Mein Engel ist zwar nicht zu seh'n,
doch wird er immer mit mir geh'n,
Hand in Hand, ganz zart und sacht,
gibt mein Engel auf mich acht.

Er ist bei mir mit Gottes Segen,
zu jeder Stund', auf allen Wegen,
ob Tag, ob Nacht, er hält mich fest,
weil Gott mich nie alleine lässt.

Belebt die Sinne mit dem Duft

Vom Weihnachtsduft

Haltet inne, schmeckt die Luft,
belebt die Sinne mit dem Duft
von Ingwer, Nelken und Muskat,
Zitrone, Apfel, Orangeat,
von Koriander, Haselnuss,
Kardamom und Zuckerguss,
von Honig, Anis, Marzipan,
Vanille, Mandeln, frischem Rahm,
von Zimt, Rosinen und noch mehr,
ach, wenn doch immer Weihnacht wär'!

Erster Schnee

Winterwarm

Kleine Nasen, rot gefroren,
spröde Lippen, kalte Ohren,
Augen funkeln, frohes Rufen,
Knirschen unter Schlittschuhkufen,
Rodeln gehen, Schneemann bauen,
mutig sich auf's Glatteis trauen,
Handschuh, Schal und warme Mütze,
Mantel, Stiefel, Regenpfütze,
Nebelschwaden über'm See,
Sturmgebraus und erster Schnee.
Ach, ich könnt' noch lange schwärmen,
für den Winter mich erwärmen.

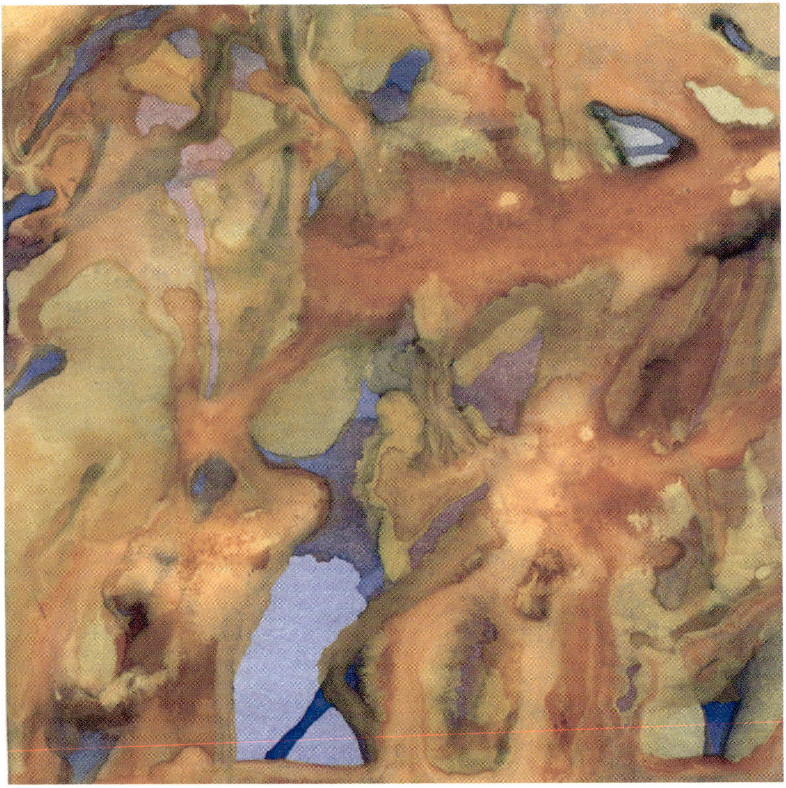

Über allen Himmeln

Über allen Himmeln

Über allen Himmeln hoch
stimmen an den Wohlgesang,
Engel mit gar reinen Stimmen
einen weihnachtlichen Klang.

Über allen Himmeln hoch
schwingen Glocken laut und leise,
tragen in die ganze Welt
eine weihnachtliche Weise.

Über allen Himmeln hoch
strahlen Sterne, hell und klar,
alle Herzen sind ergriffen,
oh Weihnacht, du bist wunderbar.

Lebens(t)raum

Lebens(t)raum

In der Krippe strahlt voll Glück
das Jesuskind,
gibt mir zurück,
Erinnerung an frühe Zeiten,
Gedanken in die Kindheit gleiten.
Ein bunter Teller
auf dem Tisch,
ein Krug voll Milch,
so weiß, so frisch,
der Mutter Arme,
die mich halten,
des Vaters Hände,
die sich falten,
Geborgenheit
und süßer Traum,
die Krippe wird zum Lebensraum.

Auf fremden Wegen

Es begab sich

Mann und Frau auf fremden Wegen,
hingeführt mit Gottes Segen,
nach Bethlehem, in Davids Stadt,
wohin man sie befohlen hat.

In einem Stall kommt ER zur Welt,
ein Stern geht auf, der uns erhellt,
Maria, Josef und das Kind,
nie mehr, niemals vergessen sind:

„... denn euch ist heute der Heiland geboren,
welcher ist Christus, der Herr ..."

'S Christkind war da

Heilig Abend, Zaubernacht

Gold'ner Stern, so strahlend hell,
Flocken wirbeln, tanzen schnell,
eisig bläst der Winterwind,
drinnen wartet still das Kind.

Heilig Abend, Zaubernacht -
Kerzen glimmen, Wunderpracht,
's Christkind kommt bald und wird was bringen,
so höret man das Kind leis' singen.

In der Stube, warm und schön,
die Engel an ihr Werk nun geh'n,
nebenan, behutsam, sacht,
das Kind froh bei der Krippe wacht.

Endlich läutet zart ein Glöckchen,
das Kind erhebt sein glühend Köpfchen,
eilt hinüber, das Herz schlägt schnell,
der Christbaum schimmert, funkelt hell.

Heilig Abend, Zaubernacht -
Kerzen glimmen, Wunderpracht,
's Christkind war da und Glocken erklingen,
das Kindlein hört man glücklich singen:

Stille Nacht, heilige Nacht . . .

In Ewigkeit

In Ewigkeit

Am Heil'gen Abend, bunt geschmückt,
mit Honigkerzen ganz bestückt,
der Weihnachtsbaum erstrahlt im Zimmer
mit Kugeln, Glöckchen, Sternenschimmer,
mit Allerlei an seinen Zweigen -
bewundernd fallen wir in Schweigen.

Sein Tannengrün mit würz'gem Duft
bringt Wald und Harz in uns're Luft,
und so ist es jedes Jahr -
verwoben sind im Engelshaar,
all uns're Wünsche, uns're Träume
für's nächste Jahr, für neue Räume.

Auch in der Silvesternacht
strahlt unser Baum in seiner Pracht,
er steht für Hoffnung und für Glück,
wir schau'n nun vorwärts, nicht zurück;
Prost Neujahr heißt's dann frohen Mutes,
das neue Jahr, es bringe Gutes!

Alsbald der Baum wird abgeleert,
manch Zuckerkringel noch verzehrt,
die Kugeln sicher eingepackt,
der Weihnachtsbaum wirkt leer, ganz nackt;
vorbei ist's mit der Weihnachtszeit -
bis nächstes Mal in Ewigkeit.

Das Licht des Heils ist uns gebracht
in Gottes Sohn zur heil'gen Nacht

ER IST

Die Weihnachtskerzen flackern sacht
am Christbaum in der heil`gen Nacht,
schon bald wird er geboren sein,
umgeben ganz vom Lichterschein.

Gottes Sohn kommt auf die Welt,
ER IST das Licht, das uns erhellt,
ER IST die Kerze, die stets glimmt,
ein Leuchten, das kein Ende nimmt.

ER IST in dir, in mir, in allen,
ER IST die Gnad', das Wohlgefallen,
das Licht des Heils ist uns gebracht
in Gottes Sohn zur heil`gen Nacht.

ER IST.

Weitere Bücher aus dem Religion & Kultur Verlag für die Leser des „Weihnachtskarussells“

Abteilung Gegenwartsfragen

Claudia Wührl: Menschen begegnen sich. Erzählung über Grunderfahrungen menschlichen Seins für die Familie, Br., ca. 110 S., 21 Abb., 2003 (ISBN 3-933891-12-4), EUR 14,90.

Das Buch bietet spannende, Betroffenheit erzeugende Erzählungen über Fremde, über unseren Umgang mit Frem-den, über Versöhnung mit anderen und sich und viele Themen mehr. Diese Erzählungen können Kinder (ab 10 Jahren) und Erwachsene gleichermaßen nachdenklich stimmen und so einen echten Dialog und eine echte Begegnung zwischen Eltern und Kindern ermöglichen.

Religionskultur - zur Beziehung von Religion und Kultur in der Gesellschaft/ hg. v. Markus Witte, Br., 426 S., 8 Abb., 2001 (ISBN 3-933891-09-4), EUR 31,00.

Es geht um Kultur als Gestaltung der Lebenswelt des Menschen und um Religion als Gestaltung der Beziehung des Menschen zu Gott. Beides steht in einem spannungsvollen Wechselverhältnis. Im Zentrum steht die Frage nach Formen der Begegnung von Kultur und Religion, Gesellschaft und Kirche, Christentum und nichtchristlichen Religionen.

Dieter Fauth: Religion als Bildungsgut - Sichtweisen in Staat und evangelischer Kirche, Gb., 706 S., 2000 (ISBN 3-933891-02-7), EUR 36,00.

Aufgezeigt werden die Argumente des Staates, den Lernbereich Religion in der Schule inhaltlich selbst zu verantworten. Im Weiteren werden die zumeist kritisch-ablehnenden Haltungen in der evangelischen Kirche gegenüber dieser staatlich verantworteten, werteorientierenden Religionskunde entfaltet und schließlich Wege einer für die Bildung notwendigen Kooperation zwischen staatlicher Religionskunde und kirchlichem Religionsunterricht aufgezeigt.

Dieter Fauth: Religion als Bildungsgut - Sichtweisen weltanschaulicher und religiöser Minderheiten, Gb., 587 S., 1999 (ISBN 3-933891-03-5), EUR 29,00.

Aufgezeigt werden die Sichtweisen von Konfessionsfreien, im Bereich der katholischen Kirche, in Islam, Judentum und bei den Bahá`í zu der Frage, wie der Lernbereich Religion in der Schule gestaltet sein soll. Damit bietet das Buch Erkenntnisse über Minderheiten und Orientierung im Umgang mit der fortgeschrittenen Säkularität und Pluralität in Deutschland.

Abteilung Religionsgeschichte

„Tausend Jahre wie ein Tag ...“ Das zweite Jahrtausend ...,/ hg. v. Bernd H. Stappert, Br., 225 S., 2001 (ISBN 3-933891-08-6), EUR 15,50.

In zehn Kapiteln (Essays) wird je ein Jahrhundert des nun vergangenen zweiten Jahrtausends thematisiert. Aufgezeigt wird, wie religionsgeschichtliche Ereignisse der jeweiligen Zeit bis heute eine prägende Bedeutung behalten haben.

Hildegard von Bingen in ihrem Umfeld - Mystik und Visionsformen in Mittelalter und früher Neuzeit. Katholizismus und Protestantismus im Dialog/ hg. v. Änne Bäumer-Schleinkofer, Br., 283 S., 2001 (ISBN 3-933891-04-3), EUR 20,50.

Geboten wird eine Einführung in Leben und Werk der Mystikerin und Visionärin Hildegard von Bingen (1098-1179). Außerdem kommen visionäre Gestalten aus dem Umfeld und der Wirkungsgeschichte Hildegards zu Wort: Richard von Sankt Viktor (+1173), Franz von Assisi (1181/82-1226), Teresa von Avila (1515-1582), Johannes vom Kreuz (1542-1591), Martin Luther (1483-1546) und Thomas Müntzer (vor 1491-1525).